LE TRÉSOR

DE

L'HOTEL-DIEU

de Château-Thierry

PAR

Frédéric HENRIET

CHATEAU-THIERRY

IMPRIMERIE LACROIX, 26, RUE SAINT-MARTIN

1896

Le Trésor de l'Hôtel-Dieu

DE CHATEAU-THIERRY

LE TRÉSOR

DE

L'HOTEL-DIEU

de Château-Thierry

PAR

Frédéric HENRIET

CHATEAU-THIERRY

IMPRIMERIE LACROIX, 26, RUE SAINT-MARTIN

1896

Le Trésor

DE L'HOTEL-DIEU DE CHATEAU-THIERRY

———

I

VASES DE PHARMACIE

(APERÇU GÉNÉRAL)

Nos ancêtres savaient imprimer un cachet d'art et de
goût à tous les objets qu'ouvraient leurs mains habiles,
que ces objets, — précieux ou non quant à la matière, —
fussent appelés à orner des palais ou le plus humble logis.
Nul art ne fournit plus de preuves à l'appui de cette vérité
que la céramique et — pour prendre l'expression dans un
sens plus limitatif — que la faïence, spécialement la
faïence italienne et française des trois derniers siècles.

Le plus grand nombre des pièces que nos musées et les
collections particulières ont recueillies avaient une desti-
nation évidemment décorative. Elles garnissaient les dressoirs des riches demeures concurremment avec les vaisselles d'or et d'argent artistement repoussées et ciselées.
A côté de ces plats, de ces vases de luxe, on eût trouvé,
dans les bahuts, les services de tablé en argenterie ou en

faïence plus ou moins richement décorés selon le rang et la fortune. Il n'y avait pas non plus de ménage, si modeste soit-il, d'intérieur ouvrier ou campaguard qui n'eût son pichet, son broc à cidre, son pot à surprise, son plat à barbe à légende, sa Jacqueline ou son Roger-Bontemps à cheval sur un tonneau et son assiette patronymique posée sur la cheminée à lambrequin bleu bordé de jaune. Tout cela orné avec plus ou moins de goût et d'esprit, selon les temps, mais toujours gai à l'œil et point banal.

Beaucoup de ces pièces de fabrication courante et commune ne s'attendaient pas à l'honneur de figurer dans nos collections publiques ou privées et sont les premières étonnées de s'y voir. Si elles y ont pris place, ce n'est pas pour leur mérite intrinsèque, mais à titre de document, pour compléter des séries et servir à l'histoire de l'Art de la terre. Puis la mode s'en est mêlée et la mode ne garde jamais de mesure. Nous voyons alors l'assiettomanie sévir et faire irruption dans tous les domiciles bourgeois. C'est ce snobisme particulier qui étale, jusque dans le salon, les assiettes communes de Lorraine à grosses roses carmin, à coqs écarlates, bonnes tout au plus à égayer de leurs tons criards la table de quelque vide-bouteille ou rendez-vous de chasse de campagne ; c'est le snobisme qui entasse et exhibe, sans choix et sans méthode, le bon, le médiocre et le pire. C'est le snobisme qui fait des suspensions avec des couvercles de soupière, des encriers avec des porte-burettes, des jardinières avec des bourdalous et des cuvettes, infligeant ainsi à des objets réservés à un tout autre usage, les plus ridicules avatars. C'est le snobisme enfin — *horresco referens* — qui accroche jusqu'à ces accessoires de toilette, à forme de violon, qu'il serait séant de dissimuler, et qui convertit en caisses à fleurs certains récipients habitués à se dérober plus discrètement.

Placés sur une terrasse, sous une vérandah, sur les pieds-droits d'un escalier, passe encore ! on ne saurait alors désapprouver cette heureuse transformation ; mais

j'en ai vu jusque dans des salles à manger, et c'est là
que commence l'hérésie. Car, bien que ces vases, désormais consacrés au culte de Flore, soient devenus le véhicule des parfums les plus suaves, on a peine à chasser le
souvenir du genre de services qu'ils rendirent autrefois à
nos pères.

Ce sont là les erreurs de l'assiettomanie et on a le droit
d'en rire un peu. Mais c'est après tout un sport inoffensif.
Les chasseurs d'assiettes font office de rabatteurs, et
rendent service en faisant sortir de la huche et du grenier,
comme le gibier du gîte, des pièces intéressantes qui
eussent été perdues pour tout le monde.

J'ai des raisons personnelles de me montrer indulgent
pour le travers que je dénonce ; car j'en ai moi-même été
atteint. C'était au beau temps où je courais les champs et
les villages sac au dos, ma boîte de peinture à la main. Pas
de maison que mon œil ne scrutât jusque dans ses
arrière-profondeurs pour y découvrir l'« assiette à faire » —
comme dit Sarcey. Comme j'étais généralement fort mal
équipé, j'inspirais confiance et l'on me faisait des concessions que n'eût point obtenues un monsieur bien mis. Une
fois pourtant, il arriva que je dus opérer en chapeau haute
forme. J'ai même à m'accuser d'avoir, ce jour-là, foulé aux
pieds toutes les convenances. J'avais été convoqué à
l'enterrement d'un pauvre petit nourrisson, décédé dans
un village des environs de Meaux. A peine entré dans la
maison mortuaire, mon œil — ce que c'est que l'habitude !
— avise une vieille faïence pendue au vaissellier. En attendant le clergé qui était en retard, et sans nul respect pour
la circonstance, je négocie l'acquisition de l'assiette avec
la nourrice qui essuie ses larmes pour conclure le marché.

Quelques instants après, je suivais gravement le convoi
avec mon assiette sous le bras, enveloppée dans un
numéro du *Petit Journal*.

Le récipient *sui generis*, dont nous parlions tout à
l'heure, que les habiles ouvriers de Rouen se plaisaient à

orner avec un talent digne d'un meilleur emploi, nous amène tout droit à son proche parent, le vase de pharmacie. Cette catégorie spéciale constitue une branche importante de la céramique. Les siècles passés nous en ont légué un stock énorme. Les Musées du Louvre, de Cluny, de Sèvres, des Arts décoratifs, pour ne parler que de ceux-là, en sont abondamment pourvus, et il n'est pas de collection particulière qui n'en possède un plus ou moins grand nombre.

C'est l'Italie qui fournit les spécimens les plus remarquables, datant pour la plupart du xvi⁰ siècle, la belle époque de la fabrication italienne. (Il en existe de plus anciens qui remontent au xv⁰ et plus loin encore, mais nous devons rester dans les données générales). Ils proviennent des fabriques les plus réputées : Faenza, Deruta, Urbino, Pesaro, Caffagiolo, Gubbio, etc. On cite au premier rang les célèbres vases d'Orazio-Fontana pour la Speziera du Palais ducal de Guid'Ubaldo II, et ceux fabriqués à Castel-Durante pour la pharmacie de Lorette.

On s'explique que cette majolique utilitaire nous soit arrivée en si grande quantité, quand on songe qu'il n'était pas d'établissement hospitalier ni de monastère — et Dieu sait si ceux-ci étaient nombreux dans la Péninsule ! — qui ne dût le matériel complet de sa pharmacie aux grandes familles princières et souveraines qui les avaient fondés et les patronnaient. C'est pour cela que beaucoup de ces pots, de ces bouteilles, de ces biberons, portent le chiffre et les armoiries des bienfaiteurs des maisons auxquelles ils appartenaient. On ne s'étonnera pas dès lors que la richesse de leur ornementation contrastât avec l'humilité de leurs fonctions. Il en est en effet qui atteignent par le style du décor, et l'éclat des couleurs à la beauté des pièces de luxe destinées à l'embellissement des appartements. Nous avons vu adjuger à l'Hôtel Drouot, à la vente de feu Ch. Antiq, amateur bien connu (mars 1895), au prix de 2,350 francs, un vase de Nevers, de forme élégante et de dimensions tout à fait exceptionnelles. Haut de 71 centimètres, couvercle compris, il était élevé sur piédouche, orné de deux grosses anses torses au-dessous desquelles grimaçaient deux mascarons, et décoré de fleurs, feuillages, oiseaux en blanc fixe sur fond gros bleu. Il était noté comme provenant de l'hospice de Moulins, et portait sur un cartouche en réserve l'inscription : « Mithridat ». Le Mithridat était, ainsi que la thériaque, les spécifiques souverains de la vieille pharmacopée. Ils avaient toujours droit aux récipients les plus somptueux. Ce n'est pas pour rien qu'on disait : *Mithridatum Damocratis medicamenta deorum manus.* Etonnez-vous après cela qu'on n'y touchât qu'avec un saint respect!

Il n'y a pas à se méprendre sur les vases destinés au rôle auxiliaire de la thérapeutique. D'abord leur forme est caractéristique, peu variée à quelques exceptions près, simple et pratique comme il convient à des objets d'un usage quotidien. Elle se réduit à deux ou trois types essentiels commandés par la nature des substances qu'ils devaient contenir, les uns en forme de bouteilles à panse sphérique ou de forme ovoïde, à anse et à bec, sont destinés à recevoir les liquides. D'autres sont réservés aux corps solides : poudres, herbes, pilules, onguents, etc. Ceux-là sont généralement de forme cylindrique, à flancs un peu concaves, afin que la main puisse facilement les saisir et les replacer sur la tablette où ils sont rangés en ordre de bataille ; mais il y a une raison plus concluante encore pour reconnaître le récipient pharmaceutique ; c'est que toujours il porte le nom du médicament écrit sur une banderolle qui se déploie horizontalement sur la panse : *mustarda fina* (Musée du Louvre, n° 639 du Cat. Darcel) *mel rosato, ung. ad scabiam* (onguent contre la gale), *ung. Egyptiac,* etc. *aqua Farfara* (eau de tussilage), *trice borcag* (préparation de bourrache), etc.

Cette banderolle sert de motif central autour duquel convergent les rinceaux, figures ou arabesques qui couvrent la surface du vase. Quelques-uns, comme celui de la vente Antiq, se distinguent par une grande recherche de formes, et leurs proportions anormales. Ce devait être des pièces d'apparat, de milieu, chargées de faire valoir l'ensemble, et si j'ose le dire en pareille matière, de jeter de la poudre aux yeux.

Tout ce que nous venons de dire des majoliques italiennes s'applique aux productions sorties de nos faïenceries, car celles-ci n'ont fait que suivre la voie ouverte par les céramistes transalpins. C'est à la péninsule que Nevers a demandé les maîtres-potiers qui ont formé ses premiers ateliers, et ce sont des ouvriers nivernais qui ont porté une influence italienne de seconde main à Rouen qui plus tard devait se créer un art si original et si essentiellement français. Nos productions céramiques de la première époque procèdent donc généralement de l'école italienne avec cette différence que la palette nivernaise est plus restreinte, que ses couleurs sont moins riches, moins intenses et que le décor a moins d'ampleur. Toutefois, dès la fin du xvie siècle nous cessons d'être tributaires de l'Italie, pour la poterie pharmaceutique, comme pour le vase d'ornement, quoique nous tirions encore notre thériaque de Venise, qui conserva longtemps le monopole et comme le secret de ce médicament tenu en haute estime par les médecins d'alors. Cette panacée, composée de mille ingrédients, se préparait tous les ans à époque fixe et l'on apportait à cette manipulation, une telle solennité qu'on ne tenait ce produit pour parfait que lorsque les ministres de la religion avaient été appelés à le bénir. Après quoi on l'expédiait dans tous les pays d'Europe dans des vases plus précieux souvent que leur contenu. Paris confectionna aussi cet orviétan souverain, selon les formules, — j'allais dire les rites consacrés.

C'est donc Nevers qui dès la fin du xvie siècle et pendant le xviie, approvisionna de pots, de cornets, de bouteilles, la plupart des pharmacies de nos hôpitaux et de nos couvents. Bientôt Rouen et toutes les autres fabriques fondées à la suite partagent avec Nevers ce genre de fournitures. A côté des pharmacies hospitalières ou conventuelles, quelquefois très luxueusement installées, grâce à des donateurs généreux, il y avait les boutiques plus modestes des apothicaires, et des épiciers-droguistes. Leur matériel n'offrait souvent d'autre motif décoratif que le nom de la drogue écrit sur un cartouche formé de rameaux d'olivier ou autres arbustes. Vers la fin du xviiie siècle les bocaux de porcelaine commencèrent à se substituer partout à la faïence. Ce n'était pas seulement affaire de mode, car la porcelaine d'une pâte plus fine, plus dure, plus résistante, point susceptible comme la faïence de s'imprégner d'odeurs, présentait des avantages évidents au point de vue de la solidité, de la propreté et de l'hygiène.

Les bocaux en blanc uni, ornés de filets et de cartouches dorés, remplacent partout les vieilles faïences reléguées dans l'officine ou au grenier, où on les trouvait en abondance il y a quelque cinquante ans, et où il ne serait pas impossible qu'on en rencontrât encore en cherchant bien. Déjà même, — ce que c'est que la mode! — des pharmaciens qui avaient jeté aux rebuts ces vaisseaux longtemps dédaignés les exhibent aujourd'hui à l'endroit le plus en vue de leur boutique, à côté des globes à liquides colorés qui sont une des traditions de la profession. Ce qui n'était hier que tesson est monté au rang d'antiquité. Il existe à Rouen une pharmacie exclusivement garnie de ces vieilles et inimitables faïences qui ont fait la gloire de ce pays. C'est la pharmacie Delamarre, place de la Pucelle ; mais M. Delamarre est un amateur de la veille, un homme de goût qui n'a rien de commun avec l'éternel mouton du légendaire troupeau de Panurge.

Beaucoup de pharmacies ont été dispersées à la Révolution, lors de la suppression des couvents. Les limiers de

la curiosité en ont retrouvé, çà et là, les pièces égarées.
Quand ces épaves portent des chiffres ou des armoiries,
ces indications renseignent sur leur origine. Telles les
bouteilles commandées, pour l'abbaye de Chelles, par la
seconde fille du régent, Louise-Adelaïde, abbesse de ce
monastère. Elle s'est adressée à Digne, faïencier, rue de la
Roquette à Paris. Ces vases à décor bleu et jaune citrin,
du type rouennais, portent l'écusson des Orléans; Sèvres
en possède un exemplaire.

Les asiles hospitaliers ont été plus ménagés que les
monastères. Quelques pharmacies d'hôpitaux ont pu
garder leur physionomie d'autrefois et leur mobilier à peu
près intact. La pharmacie de l'hôpital de Versailles fondé
par Louis XIV à la fin du xviie siècle, est de celles-là.
Les beaux vases de faïence qui la garnissent sont décorés
sur la base et l'épaulement, de lambrequins de style rouennais en camaieu bleu, et sur le milieu, d'un rinceau circu-
laire fleuri d'une rose qui est comme la marque du vieux
Saint-Cloud. — Ils sortent en effet de cette fabrique. Cinq
types les plus caractéristiques de la collection figurent
maintenant dans les vitrines du musée de Sèvres, grâce
aux soins du zélé conservateur M. Edouard Garnier.

A. Jacquemart signale aussi dans les *Merveilles de la
Céramique*, les vases de pharmacie de l'hôpital Saint-Yves
et de l'hôpital général de Rennes, ornés de guirlandes de
grosses fleurs en beau bleu et jaune citrin.

On cite encore la pharmacie de l'hospice de Chambéry
en faïence de Moustier, les vases aux formes contour-
nées et peu pratiques de l'hôpital de Saint-Charles de
Nancy, de la fabrique de Niderwiller, dont le musée de
Sèvres possède trois curieux exemplaires aux armes du
roi Stanislas; ceux de l'ancienne abbaye de Clairvaux,
maintenant à Troyes; la pharmacie de l'hôpital d'Issoudun;
celle de l'hospice de Montauban composée entièrement
de vases en faïence d'Ardus (Tarn-et-Garonne).

La pharmacie de l'hôpital Saint-Jean de Bruges est de

celles qui ont le mieux conservé leur physionomie d'autrefois. Au-dessus d'une rangée de grés ventrus, dits « birbsmann », posés presqu'au ras du sol, s'alignent sur une sorte de crédence en vieux chêne, des vases décorés, en bleu un peu flou, d'un cartouche enjolivé de deux paons placés à droite et à gauche d'un panier fleuri, correspondant à une tête d'ange formant culot. Faïence de Bruges, dit-on, et l'on ajoute qu'il ne serait pas impossible que le motif ornemental ne soit l'œuvre de quelqu'ouvrier italien embauché d'aventure. J'ai vu des vases absolument semblables au musée de Lille. Ils sont placés — sous toutes réserves — dans la vitrine consacrée aux produits lillois. Cela ne sort toujours pas de la famille flamande.

L'hospice de Bayeux possède une pièce unique qui a donné lieu à bien des controverses. Les céramographes normands la revendiquent comme une œuvre du premier potier rouennais Abaquesne, qui travailllait vers 1550. Leurs adversaires s'appuient, entre autres raisons, pour contester cette attribution, sur le type tout italien de la tête qui forme médaillon sous le goulot de ce vase, et les vives couleurs des émaux vert, bleu et jaune qui le décorent.

Nous engageons le lecteur qui désirerait s'édifier complètement sur la question spéciale des vases médicinaux, à visiter la salle de la Pharmacie centrale, à Paris, quai de la Tournelle (ancien hôtel Miramion), où l'on a recueilli les épaves que possédaient les établissements hospitaliers de Saint-Lazare, la Salpêtrière et autres. Il y verra des spécimens très caractéristiques des faïences de Saint-Cloud, de Paris, de Nevers, de Rouen, de Sinceny, deux remarquables pièces de Lille, une nombreuse série de vases provenant de l'hôpital Beaujon, aux armes du célèbre et généreux financier. Ils sont décorés d'un semé de barbeaux, de guirlandes de fleurettes en rouge carmin et sont, quant à la forme, du plus joli style Louis XVI. On remarquera aussi la faïencerie de l'hôpital Necker avec les armoiries des fondateurs, fabriquée par Thory, rue de la Roquette.

On lira, d'ailleurs avec profit, sur ce sujet, dans la *Gazette des Beaux-Arts*, livraison de juillet 1888, un très intéressant article de M. Ed. Garnier.

Les hospices que nous venons de nommer ne sont certainement pas les seuls qui possèdent encore des souvenirs de ce genre. Nous venons aujourd'hui ajouter l'Hôtel-Dieu de Château-Thierry, à cette liste qui est loin d'être close, grâce aux expositions régionales rétrospectives qui ont l'avantage de faire sortir de leurs cachettes bien des richesses insoupçonnées. Celle qui a été si brillamment organisée à Reims, en 1895, dans le palais de l'Archevêché, a été des plus fécondes en révélations de cet ordre.

Elle a mis sous nos yeux — pour ne pas sortir de notre sujet — divers pots de pharmacie, en faïence du Nord, à décor bleu assez grossier, provenant de l'hospice de Rethel ; trois vases de Delft envoyés par l'hospice de Sedan, et de nombreux spécimens de fabrication italienne ou nivernaise, prêtés par l'Hôtel-Dieu de Reims. Les amateurs rémois apportèrent aussi leur contingent à cette pharmacopée céramique et l'on pouvait remarquer, entre beaucoup d'autres, quatre pots exposés par M. Calteau, pharmacien à Reims, attribués à la fabrique de Saint-Clément, environs de Lunéville ; deux vases en faïence de Lille, aux armes de France, exposés par M. Ch. Petit-Jean, et un grand vase de Nevers à anses formées de serpents entrelacés, avec cette inscription : *Therica magna, domini Andromaqui Senioris.* On faisait toujours, comme on voit, à la thériaque l'honneur de la loger dans les récipients les plus riches, surtout quand elle était, comme celle-ci, de bonne marque.

Toute cette faïencerie médicinale se trouvait réunie, pour la plus grande commodité du visiteur, dans un vaste salon où le Dr Guelliot, de Reims, avait rassemblé tous les éléments d'une histoire de l'art de guérir dans une ville qui a joui pendant plus de deux siècles d'une Faculté de

médecine (1) et qui est encore le siège d'une école prépa-
ratoire. On y voyait les portraits des docteurs-régents de
la Faculté et ceux des médecins et chirurgiens fameux
nés à Reims ou dans la région, le célèbre Corvisart entre
autres ; des thèses et des synthèses, des brevets et des
diplômes, des discours d'ouverture, des autographes, des
instruments de chirurgie, des billets de mort qui n'étaient
pas trop dépaysés dans ce milieu, et jusqu'à une note
d'apothicaire qui était la note gaie de ce pandémonium peu
folâtre. Elle avait bien, en effet, la longueur proverbiale
de ces sortes de documents et son libellé nous reportait à
deux siècles en arrière. Je n'ai pu résister au désir d'en
copier les premières lignes.

« Plet, vitrier, doit à Pernelet-Siret, apothicaire :

« Du 5 février, deux onces de vinaigre des quatre
voleurs : 12 sous ;

« Du 18 février, un vomitif édulcoré en trois doses :
une livre 4 sous ;

« Du 19 (ça ne va pas mieux), six sangsues et le pot :
5 livres.

« Du même jour, un lavement purgatif selon l'ordonnance : 1 livre 10 sous.

Ne croirait-on pas entendre Argan lisant, au premier acte
du *Malade imaginaire,* le mémoire de M. Fleurant ? Aussi
quelle ne fut pas ma surprise lorsque je lus sur ce papier
d'allure si moliéresque la date de 1814. Comme certaines
traditions — et non des plus respectables — ont la vie
dure !

On peut juger par ce qui précède de l'intérêt que présentait cette salle, non-seulement pour les professionnels des
sciences médicales, mais pour les simples amateurs comme

(1) De 1560 à 1793.

moi. Pourtant ma satisfaction n'était pas complète. Ces pots de pharmacie reportaient ma pensée sur la faïencerie similaire que possède notre Hôtel-Dieu de Château-Thierry. Je revoyais la salle claire, affectée à ce service, ouvrant sur la verdure des jardins, égayée d'un rayon de soleil et toute luisante de cette propreté qui est comme la coquetterie des bonnes religieuses. Je revoyais ces longues théories de bouteilles et de cornets alignés sur des rayons que couronnent, en manière d'amortissement, des vases de fantaisie qui feraient envie à bien des collectionneurs. Je me demandais pourquoi quelques spécimens choisis de cet arsenal céramique consacré à l'humanité souffrante ne figuraient pas au milieu des séries intelligemment groupées à Reims, et mon patriotisme de clocher s'exaltait à la pensée qu'ils eussent avantageusement soutenu la comparaison. Je revins de Reims la tête pleine de l'idée de réparer, autant qu'il dépendrait de moi, les dommages de cette regrettable abstention. A défaut de l'honneur plus retentissant que la pharmacie de l'Hôtel-Dieu de Château-Thierry eût retiré de sa présence à l'Exposition rémoise, nous lui offrons la modeste publicité de nos *Annales*.

Déjà j'ai jeté les bases de ce travail lorsqu'en 1881 la commission administrative des hospices (1) me demanda de dresser un état estimatif du Trésor de l'Hôtel-Dieu. J'ai inventorié à cette époque les tableaux, les ivoires, les meubles, les tapisseries, le mobilier sacerdotal et les faïences que je numérotai pièce à pièce, avec un bon vouloir que ma compétence n'égalait malheureusement point. Je n'ai donc plus aujourd'hui qu'à contrôler et compléter mon premier travail, heureux si cette étude où je suis loin d'apporter toujours des affirmations précises, peut appeler sur cette intéressante collection l'attention de spécialistes plus autorisés.

---

(1) Composée de MM. le docteur Lacaze, maire, président; Héré, vice-président; Deville, Dudrumet, Encelain, Guériot, Harant.

II

LA PHARMACIE DE L'HOTEL-DIEU

L'Hôtel-Dieu de Château-Thierry, fondé en 1304 par Jeanne de Navarre, femme de Philippe-le-Bel et dédié à saint Jean-Baptiste, en l'honneur de sa fondatrice, eut à traverser des jours difficiles pendant la guerre de Cent-ans. Le xvie siècle lui réservait des calamités plus désastreuses encore. Lorsque Mayenne, chef des armées de la Ligue, prit Château-Thierry en 1591, les soldats espagnols, méconnaissant les ordres du duc qui voulait qu'on épargnât la ville, se livrèrent aux pires violences et ne respectèrent même pas l'Hôtel-Dieu où les habitants s'étaient réfugiés, comme dans un asile inviolable, avec ce qu'ils possédaient de plus précieux. Cette soldatesque étrangère pilla, saccagea et laissa notre maison hospitalière dans un état lamentable dont elle eût eu de la peine à se relever si de généreux bienfaiteurs ne s'étaient rencontrés, qui lui ouvrirent une nouvelle ère de prospérité.

Le plus illustre et le plus puissant de tous fut Messire Pierre de Stoppa, communément appelé de Stouppe, natif de Chiavenna, au pays des Grisons, colonel du régiment des Gardes-Suisses, lieutenant-général des armées du roi, et oncle de Dame Anne de la Bretonnière, en religion Madame Saint-Ange, prieure de l'Hôtel-Dieu.

Anne de la Bretonnière était depuis dix-sept ans religieuse professe de l'abbaye de Saint-Remy de Landrea (diocèse de Chartres), ordre de saint Benoît mitigé, lorsque le roi l'appela en 1682 au prieuré de Château-Thierry. Elle avait trente-sept ans lorsqu'elle prit, le 22

2

avril 1683, le gouvernement de la Maison de Saint-Jean-Baptiste, qu'elle garda jusqu'à sa mort (26 octobre 1714).

Il est permis de croire que le crédit dont jouissait M. de Stouppe ne fut pas étranger à cette nomination. Le séjour de Château-Thierry lui offrait des convenances particulières, moins encore pour la beauté de son site que pour sa proximité de Montmirail, d'où sa femme, née Anne-Charlotte de Gondy, était originaire. Celle-ci partageait son affection toute paternelle pour Anne de la Bretonnière. Elle seconda activement les vues charitables de son mari en faveur de l'hospice de Château-Thierry qui devint leur œuvre de prédilection et dont ils firent en quelque sorte leur propre maison et leur résidence d'élection. Ils agrandirent les bâtiments et les jardins, annexèrent des maisons voisines, construisirent de nouvelles salles de malades, les réunirent à la communauté par une galerie couverte, élevèrent la chapelle, toujours prêts à prélever largement sur leur fortune la dîme des pauvres et des souffrants. Ce n'est pas tout. Ils apportèrent ou envoyèrent à profusion de Paris, meubles, linge, vêtements, provisions de toute nature, ornements précieux pour la chapelle, et comme si toutes ces largesses ne répondaient pas suffisamment à leurs pieuses intentions, ils les couronnèrent par les dispositions testamentaires les plus libérales.

Mme de la Bretonnière, dans un sentiment de reconnaissance qui l'honore, a voulu laisser un témoignage écrit des bienfaits dont ses oncle et tante ont comblé la maison. Les Dames Augustines gardent précieusement ce manuscrit, trop sommaire à notre gré sur bien des points, mais qui n'est pas moins pour nous d'un prix inestimable. Quand on parcourt ces pages suggestives où la prieure consigne, année par année, tout ce qu'elle reçoit de ses parents, on est vraiment touché de voir alterner avec les donations les plus importantes, les cadeaux les plus humbles destinés aux besoins domestiques ou au soulagement des malades qui ne sont jamais oubliés.

Chaque année, M. et Mme de Stouppe envoient avec la plus ponctuelle régularité, les étrennes personnelles et le « bouquet » ou cadeau de fête de leur nièce, les étrennes des religieuses et les provisions de carême. Leur sollicitude sait tout prévoir. C'est tantôt du linge pour la sacristie et l'infirmerie ; « des lits de futaine à franges de fil et des draps pour les malades » (1683) ; tantôt « onze bouteilles d'étain pour mettre aux pieds des malades, des pots à boire, tasses et pots pourris pour les salles des malades » (1684) ; tantôt « cent pistolles pour mettre le jardin à l'uny ; » tantôt « mille livres pour les pauvres honteux, » tantôt « cent écus pour marner à Sommelans » où l'hospice possédait une ferme. Ce sont encore « des jupes » pour les religieuses, des tableaux, des objets précieux pour la chapelle, de fréquents envois d'argent pour travaux de construction ou d'entretien ; en 1686, « six pièces de verdure » pour l'appartement de Mme de la Bretonnière ; en 1689 un « carosse. » — Ne perdons pas de vue que chez Mme de la Bretonnière, la prieure est doublée d'une fille de qualité. — En 1692, une cassolette en argent, une bague en saphir garnie de diamants. Ne vous récriez pas sur ces cadeaux quelque peu mondains. Ils semblaient tout naturels en ces temps fortement hiérarchisés où le cloître lui-même n'égalisait pas les conditions. Ces bijoux n'étaient encore après tout que la réserve des pauvres, car nous voyons Mme de la Bretonnière peu de temps après la mort de son oncle, en 1702, puis encore en 1711, convertir ses diamants en objets nécessaires au service du culte et, pendant la disette de 1709, vendre sa vaisselle d'argent pour acheter du blé.

Le manuscrit de Mme de la Bretonnière constate encore l'envoi en 1688 de « quantité de porcelaines et faïences, » en 1690, de « beaucoup de vaisselles de faïence, » et enfin en 1691, de « quantité de pots de pharmacie pour l'apothicairerie. » Voici donc une date précise. C'est en 1691 que M. et Mme de Stouppe installèrent à nouveau la pharmacie et la pourvurent des faïences, poteries, mortiers, étains qui la meublent encore aujourd'hui. Ils ne la laisseront désormais manquer de rien, et nous trouvons en effet à relever en 1694, un envoi de « médicaments et de beaucoup de thériaque » qui était comme nous l'avons vu un médicament d'un prix très élevé.

Mme de la Bretonnière ne nous dit pas à quel centre de fabrication son oncle s'est adressé. En ce qui concerne la pharmacie, la question n'est pas douteuse. Le caractère décoratif, l'aspect de l'émail et jusqu'à l'épaisseur de ces poteries accusent évidemment leur origine nivernaise. Toute la collection, telle du moins qu'elle nous est parvenue, se compose d'environ deux cents pièces. Sur ce nombre, cent quarante à peu près, sont d'une fabrication si commune et d'un décor si sommaire qu'elles ne mériteraient pas qu'on s'inquiétât de leur provenance, si le caractère indubitablement nivernais des pièces mieux décorées ne permettait de supposer, sauf meilleur avis, que toute la série a été demandée en bloc à la même fabrique.

Sur ces cent quarante récipients, trente-six portés à l'inventaire de 1881 sous le n° 26, sont pourvus d'une anse et d'un goulot, et destinés à contenir les liquides, sirops, miels, huiles, etc. Trente-huit (n° 27 de l'inventaire), à col étroit, à panse ronde légèrement aplatie sur les deux faces sont décorés en bleu, comme les précédents, de deux branches de feuillages et de fleurs réunies par un ruban, formant cartouches au centre duquel se trouve écrit le nom du médicament. Ces bouteilles sont pour recevoir les eaux diverses : eau de bourache (*sic*), de milice (melisse), de pourpier, de bluest (bleuet), de chardon bénit *cricus benedictus*, variété botanique de cette plante du genre des synanthérées ; eau d'arquebusade, sorte d'alcoolat vulnéraire contre les coupures et les blessures d'armes à feu, employé encore de nos jours sous un nom plus moderne.

Quarante pots environ, de forme oblongue, cylindrique,

légèrement déprimés par le milieu pour la commodité de la main, et de même décor, étaient réservés aux onguents, extraits, sels, etc. J'ai relevé sur l'un d'eux, cette étiquette bizarre : « beaume *(sic)* de chien », sorte de saindoux formé de la graisse de cet animal. Je passe sur les gobelets en étain poinçonnés et marqués, à couvercles surmontés d'un bouton, sur les pichets et mesures de capacité, sur les mortiers des xvie et xviie siècles décrits sous les n°s 37, 38, 39 et 40 de l'inventaire pour arriver plus vite aux pièces véritablement dignes d'attention.

Ce sont d'abord cinq bouteilles (n° 31 de l'inv.) à panse ronde, un peu aplatie sur les deux faces qui sont l'une et l'autre ornées de bouquets de fleurs en bleu, cernées d'un trait de manganèse avec, sur le devant, une banderolle portant le nom du remède. Le col étroit est également fleuronné et, sur la zône inférieure du vase, règne une frise où des oiseaux, des lapins, des écureuils se jouent dans des fleurs et des fruits. Quatre autres récipients pour liquides, à goulot et à anse (n° 32 de l'inv.) ressemblent aux précédents pour la disposition de la banderolle, mais en diffèrent en quelques menus détails.

A côté de ces neuf vases remarquables par l'esprit du décor et la légèreté de la main, je citerai sept petits vases, élevés sur piédouche, de forme très gracieuse, à anses élégantes torsadées ou mouchetées, dont le couvercle, et chez quelques-uns, le bord supérieur de la panse à la naissance du col sont percés de trous. Sur le ventre de ces sortes de cassolettes ou brûle-parfums se promènent de petits personnages chinois dans des paysages exotiques, toujours peints en bleu et dessinés souvent d'un trait violet.

C'est probablement ce petit lot que désigne Mme de la Bretonnière à l'année 1684 de son *Memento* quand elle constate l'envoi de « pots à boire, tasses et *pots pourris* ». On nommait ainsi en effet des vases où l'on faisait macérer dans des sels, « pourrir », des plantes aromatiques ou des fleurs qui servaient ensuite à purifier l'air ou à parfumer les appartements. L'usage en était très répandu à cette époque. Toute dame qui tenait rang à la cour adoptait un arôme particulier bien connu de tous ceux qui fréquentaient chez elle.

Nous trouvons, sous le n° 16 de l'inventaire, une potiche en faïence de Rouen, à lambrequins, de forme lourde et pataude qui est le véritable type du pot pourri. Sous le n° 20 sont catalogués deux pots de forme sphérique qui appartiennent encore à cette catégorie. Ces deux vases polychromes, d'une excellente fabrication, figurent des melons plutôt interprétés que scrupuleusement imités. Sur les côtés du cucurbitacé émaillé en jaune, courent en relief des tiges feuillues et fleuries colorées en brun et bleu. Le melon se détache d'une sorte de volute ornementale. La base, haute d'un ou deux centimètres, est peinte en bleu très vif ainsi que le col, et le couvercle troué comme son bouton central, est orné également de reliefs où il entre un peu de vert. Ces deux pièces ne sont pas marquées. Leur obésité de pot à tabac, leur ornementation hybride d'un goût douteux, moitié imitative, moitié conventionnelle, a tout de suite éveillé en moi des visions de brasseries tudesques et de choucroûte. Mon instinct ne me trompait pas, car j'ai vu récemment, au musée de Sèvres, deux potiches presque identiques classées aux fabriques allemandes et dont le savant conservateur, M. Ed. Garnier, espère pouvoir bientôt préciser le lieu d'origine.

Une rangée de vases purement décoratifs, posés en amortissement sur la planchette supérieure, au-dessus des rayons où s'alignent les poteries officinales, donnent à la pharmacie l'aspect souriant d'un petit musée. C'est le cas de regretter qu'on en ait distrait les deux curieuses potiches dont nous venons de parler pour les placer dans la salle de la commission où, indépendamment des risques qu'elles y courent, elles sont dépaysées et comme perdues. Leur vive note jaune ferait grandement valoir l'ensemble de la collection où le bleu domine à peu près exclusivement.

Un grand vase cache-pot, qui figure à l'inventaire sous le n° 7, est la pièce la plus importante de cette série de vases de fantaisie ; c'est un Nevers à anses torsadées et mouchetées, décoré en bleu et manganèse, de personnages chinois avec frise fleuronnée sur le culot. Ce sont encore deux élégantes buires en bleu uni de Nevers (n° 21 de l'inv.), une bouteille de Nevers à huit pans, avec col à renflement, décor bleu et manganèse à personnages pseudo-chinois (n° 65) ; autre bouteille à pans, à col effilé d'un décor analogue à la précédente (n° 25) ; une paire de jardinières d'applique en faïence de Rouen polychrome, une paire de cornets de Nevers à fond bleu rehaussé de dessins en blanc fixe (n° 1 de l'inv.) placés momentanément, croyons-nous, dans un des bureaux de l'Administration. Notons encore, pour compléter le recolement de la pharmacie, deux théières en porcelaine du Japon, rectangulaires, en forme de livre, offrant comme motif central de décoration, un vase fleuri, en camaïeu bleu, avec fleurons dans les coins et sur les épaisseurs.

Remarquons enfin que tous les produits nivernais que nous venons de passer en revue, appartiennent à la seconde époque de cette fabrication, celle qui succède à la période italienne et s'inspire, en lui imprimant son cachet propre, du décor oriental sino-persan. Cette seconde époque correspond précisément à la deuxième moitié du XVIIe siècle et concorde par conséquent avec la date d'envoi (1691), que nous donne le manuscrit de Mme de la Bretonnière.

III

CÉRAMIQUE DE TABLE

ET

PIÈCES DE DRESSOIR

Si M. et Mme de Stouppe ont demandé à Nevers la poterie particulière à la pharmacie, c'est à Rouen qu'ils s'adressent pour tout ce qui concerne le service de table, et c'était faire preuve de goût. La fabrique rouennaise n'avait pas de rivale pour ce genre spécial et tenait d'ailleurs sans conteste le premier rang parmi les faïenceries concurrentes. Elle était, en effet, la plus française de toutes par ce cachet d'élégance dans la symétrie qui est la caractéristique de ses produits, et la plus originale par l'ingéniosité avec laquelle elle savait mettre en œuvre les emprunts qu'elle faisait aux arts à côté : la reliure, la ferronnerie, l'orfévrerie. Même quand elle imite la Chine ou la Hollande, elle semble créer encore tant elle interprète avec esprit ses modèles. Elle était en plein épanouissement à cette époque où elle pratiquait surtout le camaïeu bleu ou des polychromies très discrètes, et elle atteignit son apogée, industrielle et commerciale tout au moins, un peu plus tard, lorsque, en 1709, le roi, pour faire face aux charges d'une guerre malheureuse et d'un hiver terrible, envoya sa vaisselle d'or et d'argent à la Monnaie, et, comme dit le duc de Saint-Simon, « se mit en faïence ».

« Tout ce qu'il y eût de grand et de considérable dans le
« royaume, continue Saint-Simon, suivit son exemple...
« Les courtisans épuisèrent les boutiques et mirent le feu
« à cette marchandise. »

Comme effet moral, le « geste » n'était pas sans grandeur ; mais ce fut une déplorable opération financière que
de jeter au creuset, pour les convertir en espèces, de véri-
tables objets d'art dont la main-d'œuvre dépassait consi-
dérablement la valeur intrinsèque. Le résultat de ce
sacrifice fut de donner un nouvel élan aux faïenceries qui
redoublèrent d'efforts pour justifier cette vogue inattendue
et maintinrent le niveau de leurs produits jusqu'au moment
où la double concurrence de la porcelaine et de la terre de
pipe les engagea dans une voie d'imitation fâcheuse ou les
réduisit à une production inférieure et commune.

Le manuscrit de Mme de la Bretonnière constate la
réception de faïences au cours des années 1688 et 1690.
C'est évidemment aux services commandés à Rouen que
cette note se rapporte. Tous les objets qui appartiennent à
ces services portent en effet les armes de la communauté
qui sont : « Un agneau pascal d'argent sur champ d'azur
semé de fleurs de lys d'or. » L'écusson, en forme de losange,
est surmonté d'une couronne de marquis avec deux lions
pour supports empruntés aux armoiries des Stoppa. Cet
écusson, tel qu'il est blasonné, confirme encore les dates
du manuscrit, car il fut modifié, quelques années plus
tard, par l'adjonction des armes des Stoppa en mémoire
de leurs bienfaits et enregistré à l'armorial général, le
12 février 1697 (1).

Le lot de faïences rouennaises, en camaïeu bleu, se
compose encore aujourd'hui de dix-neuf assiettes (n° 46 de

<hr>

(1) On nous affirme que l'écusson peint sur ces assiettes n'est pas
correct ; que le véritable écusson porte : d'azur à l'agneau pascal
d'argent avec trois fleurs de lys, l'un sur l'autre, faveur accordée à
l'hôpital à raison de son origine royale.

l'inv.), ornées au centre de l'écusson décrit ci-dessus, bordées d'un petit galon quadrillé à réserves et marquées d'un V ;

De cinq assiettes (nº 44) avec l'écusson et le marli chargé de motifs de ferronnerie alternant avec des guirlandes ; marquées d'un R (mcnogramme d'ouvriers sans doute) ; et de quatre autres assiettes (nº 45) présentant une légère variante avec les précédentes.

Trois compotiers de forme octogone à huit pans, sans pied, avec l'écusson et, sur le marli, un décor très fin analogue au lot précédent, marqués d'un G (nº 43).

Deux compotiers, de forme octogone, élevés sur piédouche, à surface plate, richement décorés, avec un large fleuron rayonnant au centre au lieu de l'écusson (nº 42).

Deux plats ronds du service à l'écusson (nº 49), trois autres plats longs à huit pans, du même service, dont un rattaché (nº 51 *bis*) et plusieurs très jolies assiettes dépareillées, plus ou moins avariées.

Toutes ces pièces du plus beau style rouennais, ainsi que beaucoup d'autres d'origine différente dont nous parlerons plus loin, sont empilées dans un placard du salon de la Communauté, comme des écus dans le bas de laine d'un paysan. Elles sortent pourtant de loin en loin de leur cachette, dans les grandes occasions, quand les dames Augustines reçoivent Monseigneur et Messieurs de la Commission. C'est fort bien ; mais cela donne le frisson de penser que ces pièces de vitrine passent par l'office où il peut leur arriver malheur. Nous voudrions les voir à l'abri de tout accident, et le meilleur moyen de les mettre en sûreté serait, croyons-nous, de dresser les spécimens des plus belles assiettes dans le fond du placard tendu de papier garance, avec les pièces de forme sur les tablettes, comme dans une armoire de musée. Lorsque les bonnes sœurs font gracieusement les honneurs du salon de leur communauté — ce qui arrive assez fréquemment — elles n'auraient qu'à ouvrir toute grande la porte du placard

devant le visiteur ébloui et charmé, sans avoir à manier
les objets. Cela éviterait les risques d'accidents : regardez,
mais n'y touchez pas.

Ces dames n'en auraient pas moins à leur disposition,
les jours de grandes réceptions, le service de Strasbourg
très digne encore de figurer sur une table épiscopale. Ce
service (n° 52) se compose de quarante-quatre assiettes et
de quinze plats ronds ou ovales de différentes grandeurs,
uniformément décorés du bouquet à la rose et à l'œillet,
avec fleurettes jetées sur le marli, à bords gondolés, à la
façon des vaisselles d'étain de l'époque.

C'est dire que nous sommes maintenant en plein xviiⁱᵉ
siècle, et que ce service ne provient plus des libéralités de
M. et Mᵐᵉ de Stouppe auxquels nous pouvons faire honneur
encore toutefois de quelques porcelaines de Chine et du
Japon et des faïences de Delft, décrites aux nᵒˢ 69 à 74 de
l'inventaire, consistant en dix-sept assiettes et six plats de
différentes grandeurs dits « au tonnerre » et marqués du mo-
nogramme de la fabrique à l'enseigne du paon ; six assiettes,
dites « à la croix », décorées bleu et brun-rouge ; sept autres
émaillées en rose, bleu et brun-rouge avec marli quadrillé,
et six en camaïeu bleu.

Le service strasbourgeois, dont nous venons de parler,
est de qualité moyenne et de cette production courante
dont les spécimens sont répandus avec une profusion qui
a rendu ce type assez banal. J'attache un peu plus de valeur
aux assiettes et plats (nᵒˢ 58 à 62 de l'inv.) représentant des
Chinois assis ou debout, tenant une sorte d'étendard,
pêchant, jouant de la musique, se balançant sur une liane
suspendue à des arbres et à des rochers ; en tout vingt-six
pièces, variées de sujets, quoique appartenant à la même
série.

Je trouve encore à classer à la faïence de Strasbourg
quatre corbeilles à fruits délicatement ajourées, avec anses
émaillées en jaune et quatre assiettes conformes pouvant
leur servir de plateau (nᵒˢ 63-64) ; plusieurs tasses à café,

pots à crême et leurs soucoupes semblables au service n° 52 de l'inv., et une petite cafetière appartenant au service à Chinois décrit n° 58.

Voici deux soupières qui méritent d'être signalées. La première, oblongue, cotelée, avec une poire formant le bouton du couvercle, est ornée d'insectes, de papillons, d'oiseaux sur terrasse. La seconde est semblable à la précédente, sauf que deux des oiseaux ont les ailes éployées. Nous les croyons de la fabrique d'Aprey (Haute-Marne), qu'un habile peintre d'oiseaux, nommé Haly, avait mise en réputation. Voici encore des oiseaux d'une finesse et d'un coloris merveilleux sur des tasses, des soucoupes, cafetière et sucrier de pâte très légère et un peu grise, sans marque, mais que nous avons toutes raisons de donner comme porcelaine pâte tendre de la fabrique de Tournai. La porcelaine nous fournit encore une tasse à tisane, de forme conique, avec sa soucoupe, décorées en or et marquées Dart. A. L. R., de la fabrique de Darte Frères, un des nombreux établissements qui se fondèrent à Paris pendant les premières années du siècle, et une soupière ronde, émaillée en blanc, portée sur pattes d'oiseaux, avec des anses figurant des têtes d'animaux fantastiques. Elle est ornée sur la panse et sur le couvercle d'une frise en relief de cigognes et de plantes entrelacées en rinceau, sans marque. Son aspect savonneux me fait penser à certaines porcelaines tendres de Saint-Cloud ; mais je ne suis pas suffisamment édifié pour oser me prononcer.

Notons pour mémoire deux objets non inventoriés en 1881 : une corbeille à fruits ajourée, en demi-porcelaine d'Angleterre ou en terre de Lorraine, avec plateau également ajouré sur les bords et dont le fond imite un travail de vannerie, — d'un blanc bis, — et un pot en faïence, à bouquet, qui pourrait bien provenir de la fabrique de Sinceny.

J'ai réservé jusqu'à présent cinq grands plats de dressoir,

en beau Nevers de l'époque secondaire, que j'ai vus tout récemment pour la première fois. Oubliés sans doute au fond de quelque placard, ils n'ont pas été mis sous mes yeux lorsque je dressai l'inventaire de 1881, et n'y figurent point. C'est une raison de plus pour que j'en donne ici un signalement précis.

Ils sont tous les cinq de forme ronde, mesurant cinquante-six centimètres de diamètre. Décorés en bleu avec dessin au trait de manganèse et à marli très large. Le premier a pour sujet central un personnage de haut rang au dessus de qui des serviteurs tiennent un parasol. Un homme à genoux lui présente des vases. Sur le marli, fleurs avec médaillons en réserve à personnages chinois. Un autre plat offre les mêmes dispositions que celui-ci avec quelques variantes dans les personnages.

Sur un troisième, décoré en plein, un Chinois à parasol se promène dans un paysage où l'on voit des arbres, des plantes d'eau et des balustres.

Les deux derniers, dont l'un est en très mauvais état, sont ornés l'un et l'autre, sur le fond, de motifs détachés : vases, bouteilles, potiches d'où s'échappent des fleurs. Fleurs aussi sur le marli séparé du fond par un filet d'ornement. C'est bien évidemment encore à la générosité de M. de Stouppe que nous devons ces cinq pièces remarquables.

On peut juger par ce qui nous en reste, des richesses accumulées, il y a deux cents ans, dans les buffets, sur les bahuts et les dressoirs de la maison. Et quand on songe que l'Hôtel-Dieu a passé par les pires épreuves durant la période révolutionnaire, que les saintes filles ont vu leur maison envahie, pillée; leur chapelle profanée; qu'obligées de fuir devant les menaces des septembriseurs, elles ont dû céder la place aux congrégantines assermentées (1),

___

(1) Les religieuses de la Congrégation avaient leur couvent au Faubourg de Marne dans la maison occupée plus tard par la Poste aux chevaux.

vivre à Soissons, cachées, dénuées de tout, jusqu'à ce qu'il leur fut permis, après neuf ans de misère, de rentrer chez elles à la grande satisfaction des honnêtes gens ; quand on fait aussi la part de la casse inévitable et des autres causes de disparition qu'il est inutile d'indiquer, c'est miracle que tant d'épaves aient pu échapper à des chances de destruction si multiples. Nous n'en devons que plus de reconnaissance aux bonnes religieuses qui nous les ont conservées, et particulièrement au dévouement de Mlle Déon, à son courage poussé en diverses circonstances jusqu'à l'héroïsme. Orpheline élevée à l'Hôtel-Dieu, elle devint organiste de la chapelle (1), et grâce à son habit laïque, resta dans la maison pendant l'exode des religieuses.

Réfugiée dans la pharmacie où elle fit agréer ses services (2), elle veilla sur le patrimoine des absentes, lutta pied à pied contre les prétentions des comités sectaires et réussit à soustraire le mobilier cultuel et autres objets précieux aux convoitises qui les guettaient. Après la réinté-

(1) Les grandes orgues de l'Hôtel-Dieu, qui occupaient la tribune de la chapelle, furent mises en vente, pendant la Révolution, et achetées par les protestants de Monneaux. Elles se trouvent encore aujourd'hui dans leur temple. Ces orgues, qui avaient coûté 2000 livres (Mss. de Mme de la Bretonnière), avaient été données en 1689 par M. de Stouppe.

(2) Après la mort de Mme Saint-Augustin (Mlle Déon), décédée le 25 octobre 1829, Mme Saint-Bernard prit ce service et le garda pendant plus de 50 ans. A sa mort (5 novembre 1880), Mme Saint-Charles lui succéda et fut remplacée il y a plusieurs années par Mme Saint-Michel, la titulaire actuelle.

Il est difficile de parler du dévouement de Mlle Déon sans rappeler celui que montra, de 1809 à 1831, notamment pendant les calamités des années 1814-1815, Mme Sainte-Adélaïde. Mais si nous voulions rendre justice à toutes les prieures qui brillèrent par leur charité et leurs vertus, ce serait l'histoire entière de la maison qu'il nous faudrait écrire.

gration des religieuses, sa mission remplie, elle fit son noviciat, prononça ses vœux en 1806 et, sous le nom de Mme Saint- Augustin, vécut vingt-trois ans dans la maison chargée spécialement du service de la pharmacie. Ces dévouements obcurs sont les plus touchants et c'est justice d'associer aux noms de M. et Mme de Stouppe, les généreux donateurs de l'Hospice, le nom de l'humble et sainte fille qui a si vaillamment contribué à sauver ses trésors aux jours les plus terribles de notre histoire.

IV

LES TABLEAUX

Nous lisons dans le manuscrit de Mme de la Bretonnière, à l'année 1696, ces simples mots : « Mon oncle a envoyé le grand tableau où il est peint avec ma tante et moy ». Cette note se rapporte évidemment à la maîtresse page que nous avons tous admirée dans le salon de la communauté. Le laconisme de la prieure, excusable assurément parce qu'elle ne pouvait prévoir le goût et les besoins d'investigation de la génération dont nous sommes, n'en est pas moins très regrettable, car sa note ne répond à aucune des questions qui se posent devant cette peinture, point signée ni datée, ou dont, tout au moins, la signature et la date nous ont échappé, soit qu'elles se trouvent cachées par la bordure, soit que le peintre les ait placées dans quelque coin où l'œil a peine à les découvrir. Il est de tradition, dans la maison, de l'attribuer à Pierre Mignard. Avant d'examiner à quel point cette attribution est fondée, commençons par décrire ce morceau capital, honneur de notre Hôtel-Dieu. Il mesure 2 m. 80 de long sur 2 m. 26 de haut, et occupe tout le panneau de la pièce qui fait face à la cheminée. Quoique placé forcément trop bas à cause du peu d'élévation du plafond, la lumière est bonne et fait valoir le tableau. Nous en connaissons le sujet; voyons comment le peintre l'a compris.

Mme de Stouppe en toilette de cour, velours et brocard, occupe le centre de la composition. Elle montre au spectateur le portrait ovale de M. de Stouppe, vêtu à l'antique. Ce portrait, posé sur un tabouret drapé de velours rouge à franges d'or, est soutenu par un négrillon. A droite, Mme de la Bretonnière, avec l'habit blanc de son ordre (1), est assise avec une corbeille de fleurs sur les genoux et un bouquet à la main. Elle figure une seconde fois, à gauche, avec les ajustements mondains de ses jeunes années et l'insoucieux enjouement de cet âge. Elle tient une perruche après laquelle jappe un épagneul. Un autre petit chien dort sur un tabouret. Les peintres d'alors, et même ceux du siècle précédent (voir les *Noces de Cana* et les *Pèlerins d'Emmaüs*, de Paul Veronèse), introduisaient fréquemment dans leurs compositions ces sortes de comparses à quatre pattes qui y faisaient l'office de bouche-trous. Ici, ils ont de plus l'avantage de donner une note de familiarité à la scène, qui emprunte quelque froideur à son caractère tant soit peu allégorique, puisqu'une même personne y figure deux fois à des époques différentes de sa vie et que les âges respectifs des personnages ne sont pas scrupuleusement observés.

Comme il était d'usage de représenter dans les tableaux de ce genre les membres décédés de la famille par leur portrait, on serait induit à penser que Mme de Stouppe est veuve au moment de l'exécution du tableau et qu'elle fait

______

(1) Dès que Mme de la Bretonnière, en religion Mme Saint-Ange, eut pris possession de son prieuré, elle se fit autoriser par Mgr Charles de Bourlon, évêque de Soissons, à porter le costume blanc, plus seyant et de meilleur air, et à prendre le titre de dame chanoinesse de Saint-Augustin. Aussitôt M. et Mme de Stouppe envoient à leur nièce et à chacune des religieuses un double habillement conforme à la nouvelle ordonnance.

remettre sous ses yeux le portrait de son époux défunt. Ce serait une grosse erreur. C'est au contraire Mme de Stouppe qui est morte la première. Son mari lui survécut sept ans.

Pourquoi le peintre a-t-il présenté ainsi son sujet ? Est-ce simple fantaisie d'artiste soucieux de varier les lignes de sa composition, ou bien s'est-il fait le fidèle interprète de M. de Stouppe, qui a voulu réserver à sa femme tous les honneurs du tableau ? L'idée essentielle de ce tableau n'est-elle pas en effet la glorification, et si j'ose dire, l'apothéose de Mme de Stouppe que le peintre nous montre dans le plein épanouissement de sa beauté et beaucoup trop jeune par rapport à son mari et à sa nièce presque plus âgée qu'elle ?

Cela nous amène à nous demander si le tableau a été peint du vivant de Mme de Stouppe ou après sa mort ? Le parti-pris de la rajeunir pour mieux l'idéaliser ne serait pas pour démentir la seconde de ces hypothèses. Il faudrait seulement admettre alors que Mignard, s'il est véritablement l'auteur du tableau, l'a peint à 82 ans, en 1694, — ce qui n'est pas impossible du reste, car il a tenu le pinceau d'une main ferme jusqu'à son dernier jour (13 mai 1695) et travaillait très vite, comme tous les artistes qui procèdent avec une science sûre d'elle-même. A-t-il au contraire peint Mme de Stouppe *ad vivum*, comme on dit, et le tableau ornait-il depuis des années leur résidence de la rue Michel-Lecomte avant que M. de Stouppe se décidât à en faire hommage à l'Hôtel-Dieu ? Il est difficile de décider entre ces deux versions. J'engage toutefois les personnes que cette question pourrait intéresser, à comparer, au tableau de Mignard, le portrait très remarquable aussi de Mme de Stouppe, qui se trouve dans le parloir de la communauté. Il la représente de dix ans au moins plus âgée et pourrait bien malgré cela être antérieur à l'autre. Je ne jurerais pas non plus que ce second portrait n'est pas de la main de Mignard. Il n'est pas indigne de son pinceau. Ainsi s'expliquerait comment, peignant Mme de Stouppe après son décès, il a pu donner tant de vie et d'expression à une physionomie qui était déjà familière, non seulement au peintre, mais à l'homme du monde, car Mignard n'était pas moins recherché pour son aisance et son esprit que pour son talent, et ce talent était d'autant plus prisé par toutes les dames de qualité que l'artiste avait le secret de les embellir tout en les faisant ressemblantes et ne se faisait pas faute de tricher un peu avec les dates de naissance inscrites aux registres des paroisses. Ajouterai-je que Mignard est né à Troyes, et par conséquent champenois comme Mme de Stouppe, ce qui autorise encore à croire qu'il l'a intimement connue.

Je m'aperçois que le nom de Mignard revient à chaque instant sous ma plume, et qu'au moment d'aborder la question d'attribution, je l'ai déjà implicitement préjugée. C'est qu'en effet tout porte à conclure en faveur du peintre de la coupole du Val-de-Grâce. Ordonnance, draperies, étoffes, visages et jusqu'à la tonalité si habilement subordonnée du portrait de M. de Stouppe, tout cela est d'un maître, et non-seulement on peut faire honneur de cette belle œuvre à Mignard, mais elle est des meilleurs Mignard, que j'aie vus ; — bien supérieure, à mon sens, à la *Vierge au raisin* et à la *Sainte-Cécile* du musée du Louvre, qui sont d'une couleur moins harmonieuse, d'une exécution plus appuyée et moins large. Je ne vois en dehors de Mignard, dans ces dernières années du siècle, que Largillière ou Rigaud qui eussent été capables de la produire ; mais si je compare le tableau de l'Hôtel-Dieu à la toile du musée du Louvre où Mignard a peint le grand Dauphin entouré de sa famille, les analogies de composition, d'attitudes, d'arrangement sont si frappantes qu'il n'y a plus d'hésitations possibles. Encore le Mignard de Château-Thierry a-t-il une harmonie blonde et une fraîcheur de coloris qui lui donnent l'avantage sur son congénère du Louvre. Celui-ci a poussé au noir, par suite des déplacements et emmagasinages qu'il a subis, tandis que le

tableau de l'Hôtel-Dieu, toujours à sa même place depuis
deux siècles, a bénéficié de cette bienheureuse inamovibilité.

Mme de Stouppe avait, à ses derniers moments, exprimé
le désir d'être ramenée à Château-Thierry et inhumée
dans la chapelle de la maison à laquelle elle était si profondément attachée. Empressé de déférer à ce vœu, M. de
Stouppe fit aussitôt édifier la petite chapelle annexe, en
forme de dôme, sous le sol de laquelle fut déposé le corps
embaumé de Mme de Stouppe. Il la fit fermer par la somptueuse grille en fer forgé et dorée, qui fait toujours l'admiration de tous les visiteurs. Cette grille consiste en une
porte monumentale encadrée dans des chapiteaux ioniens,
soutenant une frise et un fronton où les écussons accolés
des Stoppa et des Gondy sont surmontés d'une couronne
de marquis et accompagnés de deux lions pour supports (1).
Cette grille est enrichie de rinceaux délicats, de fleurons,
de volutes élégantes qui charment le regard de leurs dessins gracieusement compliqués.

Ces travaux terminés, M. de Stouppe ne tarda pas à venir
reposer auprès de sa digne épouse, dans l'éternelle union
du tombeau. Il mourut à Paris, en 1701, âgé de 80 ans. Un
mausolée en marbre noir et gris fut élevé contre le mur de
gauche de la petite chapelle. Il simule un sarcophage porté
sur des pieds droits renforcés de consoles et surmonté
d'une pyramide terminée par une urne funéraire. Au pied
de la pyramide se tiennent assises deux figures en marbre
blanc, symbolisant la Foi et la Charité. Elles sont dues au
ciseau de Girardon et d'une correction un peu froide;
mais elles se trouvent en de si justes rapports de proportions avec le monument, qu'on est amené à croire que le

---

(1) Les Stoppa portent : d'argent à trois pals d'azur au chef d'or
chargé d'un lion de sable passant, la tête et la queue couronnées de
gueules, et les Gondy : d'or aux deux masses de sable en sautoir.

statuaire en a conçu l'ensemble et donné les dessins. Une
plaque de marbre noir porte cette inscription :

ICY

*Reposent les corps de M. Pierre
Stoppa, lieutenant général des
Armées du Roi, colonel de ses
Gardes Suisses, et de dame
Anne de Gondy, son épouse,
Bienfaiteurs de cette maison,
inhumés dans cette chapelle
en 1694 et 1701.*

DE PROFONDIS.

On a inféré de cette inscription que Mme de la Bretonnière a érigé ce monument comme un témoignage de la
reconnaissance de la maison envers la mémoire de M. et
Mme de Stouppe ; mais si l'on songe que les deux figures
de la Foi et de la Charité son l'œuvre d'un des plus émi-
nents statuaires de l'époque, que, d'autre part, aussitôt la
mort de M. de Stouppe, nous voyons la prieure vendre sa
vaisselle d'argent pour subvenir à des besoins urgents, il
nous paraît plus probable que le tombeau, comme la grille
et la chapelle, a été commandé et payé par M. de Stouppe,
sinon achevé de son vivant, et que l'inscription a pu être
placée ou changée plus tard.

Des réparations exécutées, il y a environ soixante ans,
au dallage de la chapelle mirent accidentellement le caveau
à découvert. Une religieuse — la plus mince de la communauté — s'introduisit un instant par cette brèche et fut
frappé de l'état de conservation des deux personnages
encore imposants dans le somptueux habit de leur temps.
Mme de la Bretonnière a été inhumée aussi dans ce même
caveau, mais son corps n'ayant pas subi, comme les deux
autres, les préparations qui l'eussent préservé d'une rapide
décomposition, était en grande partie consumé. Il est re-

grettable que la pierre tumulaire qui devait constater cette inhumation n'existe plus.

La chapelle funéraire des Stoppa est dédiée à sainte Claire, parce qu'elle a reçu le dépôt des reliques de cette martyre romaine données à l'Hôpital de Château-Thierry par le pape Innocent XI. Il va sans dire que c'est encore M. et Mme de Stouppe qui ont été les instruments de cette insigne faveur. Ils ont fait tout exprès, en 1687 ou 1688, le voyage — j'allais dire le pèlerinage de Rome — pour recevoir le « corps » de la sainte des mains du pape. Cette nouvelle preuve de leur zèle pieux pour les intérêts spirituels de la maison a fourni le sujet d'un grand tableau de plus de quatre mètres de long qui les représente agenouillés au pied du trône pontifical. Sur une table drapée d'un tapis se trouve la châsse renfermant les reliques de sainte Claire, dont Mme de la Bretonnière semble prendre possession, châsse provisoire encore, bientôt remplacée par le reliquaire en ébène, cristal et écaille, orné de cuivres dorés et ciselés du travail le plus délicat, et enrichi de pierres fines qui figure au cahier de Mme de la Bretonnière à l'année 1693 (1).

Ce tableau ne porte pas de signature, apparente du moins; mais il est de la même main que celui qui lui fait face, long d'au-moins six mètres, représentant la famille de Stouppe enrichissant l'Hôtel-Dieu. Dans la partie supérieure de cette vaste composition, Jésus apparaît dans son humanité glorieuse; saint Augustin prosterné à ses pieds, lui désigne les pieux bienfaiteurs qui offrent, à genoux, un coffret rempli d'or. A droite, on voit les religieuses donnant leurs soins aux malades, et à gauche, d'autres sœurs faisant cortège à M. et Mme de Stouppe. Debout derrière

(1) Cette châsse, récemment restaurée par notre habile ébéniste Delettre, est maintenant placée sous la table d'autel de la chapelle Sainte-Claire, visible aux yeux des fidèles derrière une vitre servant d'antependium.

elles, l'abbé Gille d'Anguy, chapelain et bienfaiteur de la maison. Cette toile est signée sur le coffret : Dolivet fecit.

C'est à ces deux peintures que se réfèrent ces mots du cahier de Mme de la Bretonnière, année 1691 : « payé les deux tableaux de Dolivet. »

Quel est ce Dolivet ? Son nom ne figure ni au Siret, ni au « Dictionnaire des Artistes français, » de Bellier de la Chavignerie. Nous voyons un Olivet cité comme peintre français ayant travaillé, vers 1700, dans « l'Encyclopedia delle belle arti, » de l'abbé Zani ; ce ne peut être que notre Dolivet. Nous trouvons un renseignement plus précis dans un document publié au tome III, page 84, des « Archives de l'Art français. » C'est un inventaire des objets d'art qui étaient au grand couvent des Carmélites de la rue Saint-Jacques, avant la destruction de ce couvent en 1793, et qui furent déposés provisoirement au Musée des Monuments français, établi par Alexandre Lenoir dans les bâtiments du couvent des Petits-Augustins, sur l'emplacement duquel s'élève aujourd'hui l'Ecole des Beaux-Arts. Il est fait mention dans cette pièce d'un tableau : « Sainte Marie l'Egyptienne, » par d'Olivet ; mais nous n'en voyons pas trace dans les catalogues laissés par A. Lenoir.

La postérité nous a transmis le nom de beaucoup d'artistes qui n'ont pas le talent de ce Dolivet. Peut-être cet oubli vient-il de ce que ce peintre aurait surtout travaillé dans son pays, dans sa province, loin des influences d'école ; car, alors comme aujourd'hui, c'était déjà Paris qui signait les passeports pour la postérité. Ce qui confirmerait cette supposition, c'est précisément l'exécution franche et sincère de ces deux ouvrages, exempts de manière et jusqu'à une certaine naïveté d'arrangement, avec de belles parties de couleur qui leur donnent un accent tout à fait personnel et original. En attendant que nous soyons fixé sur le lieu de sa naissance, il nous plaît de croire que nous découvrirons un jour qu'il est d'origine champenoise comme Mignard, comme Girardon, qu'il y a, dans cette rencontre, mieux qu'une coïncidence fortuite, et qu'il faut y voir un effet tout naturel des attaches champenoises de Mme de Stouppe et même de M. de Stouppe, devenu par son mariage champenois d'adoption.

A côté des deux toiles de Dolivet se trouvent une *Annonciation* d'une honnête médiocrité, et *Notre-Seigneur lavant les pieds des Apôtres,* peinture habile rappelant de très loin les procédés de Jouvenet. Les deux personnages principaux sont bien traités. L'humilité de Jésus n'est pas moins bien rendue que le respectueux embarras de saint Pierre ; mais la figure de l'apôtre qui dénoue sa chaussure à droite du du tableau a une importance qui en souligne encore la banalité. Les autres apôtres ne semblent être là qu'à titre de remplissage. On dirait que le peintre a eu de la peine pour ajuster sa composition aux dimensions qui lui furent imposées sans doute ; car ce tableau couvrait, à gauche de l'autel, toute la partie du mur où l'on a plus tard pratiqué l'ouverture qui met le chœur actuel des dames en communication avec la chapelle (1).

En face, du côté de la chaire, devait se trouver une *Présentation au temple* qui lui faisait pendant. Ces deux tableaux ont été payés, en 1695, par Mme de la Bretonnière avec le prix d'un gobelet d'or que lui avait donné son oncle.

A droite et à gauche du maître-autel on a encastré dans les boiseries ramenées à leur beau ton primitif, lors de la récente restauration de la chapelle, deux peintures représentant *sainte Claire et un ange conduisant l'âme humaine à Dieu.* L'ange est de construction massive, et l'âme, figurée par un gros adolescent, traduit mal l'immatérialité du sujet. Ces deux peintures lourdement correctes sont de l'école de Le Brun.

(1) Le chœur actuel réservé aux religieuses a été achevé et bénit en 1777, Mme de la Garde étant prieure de la maison.

Je n'ai pas l'intention de dresser le catalogue complet des nombreux tableaux, sur toile, sur bois, sur cuivre, portraits ou sujets de sainteté, tous encadrés de bordures sculptées, qui garnissent la grande salle, le parloir, la sacristie, l'appartement de Monseigneur l'évêque, et jusqu'à la pharmacie. Je ne puis que signaler les plus remarquables. Ce sont, parmi les portraits, celui de Louis XIV en tenue de campagne, le chef couvert du chapeau lampion; ceux de Mlle Brayer, bienfaitrice de la maison, ceux d'un maréchal de camp, personnage inconnu, de Mme Henriette de Besse, qui fut prieure de 1774 à 1776, physionomie de femme du monde modelée par le pinceau d'un coloriste. Le portrait dit de la Reine Jeanne, qui n'est point contemporain de la fondatrice de notre Hôtel-Dieu et n'offre par conséquent aucune garantie de ressemblance. La couronne et le voile sont constellés de pierres fines dont le plus grand nombre a disparu ; le portrait à mi-corps d'une belle mondaine qui a eu la fantaisie de se faire peindre en Madeleine repentante, bien que les austérités de la pénitence ne se peignent guère sur son gracieux visage. Il est heureux que la natu.e l'ait pourvue d'une abondante chevelure, car elle n'a pas d'autre vêtement que les boucles blondes qui ruissellent sur ses épaules et sur sa poitrine.

Je tire encore hors de pair une copie ancienne du tableau de Raphaël : *Saint Michel terrassant le démon* (0^m75 sur 0^m55) entouré d'un cadre très artistement fouillé ; un petit sujet flamand : le *Benedicite* accroché dans la pharmacie ; une mignonne peinture sur cuivre où l'on voit des anges apporter des fleurs à l'Enfant-Jésus ou jouer, pour le charmer, de divers instruments de musique ; le *Sacrifice d'Abraham,* bonne toile de l'école de Le Brun, dans la chambre de Monseigneur ; saint Pierre et sainte Anne sous les traits de Pierre Stoppa et Anne de Gondy. Celle-ci apprend à lire à la future prieure de l'hospice, œuvre plus que médiocre que je mentionne uniquement pour la singularité du fait, bien que ces sortes de personnifications des figures sacrées ou profanes ne fussent pas rares à cette époque.

Tableaux de petit format, canons d'autel peints à la gouache, miniatures sur vélin, j'en passe et qui ne sont pas sans mérite ; mais il faut s'arrêter. Si nombreuses que soient encore, comme on vient de le voir, les peintures que possède l'Hôtel-Dieu, plusieurs pourtant de celles qui sont portées au manuscrit de Mme de la Bretonnière manquent à l'appel, entre autre un *Baptême de Saint Jean*, indiqué à l'année 1686, et la *Présentation au temple*, dont nous avons parlé plus haut. C'est que la Révolution a passé par là. Le 24 juin 1792 une bande d'énergumènes fit irruption dans l'hospice. Sur le bruit perfidement répandu que les religieuses cachaient des prêtres insermentés, ces braillards avinés qui souillaient, en se l'appliquant, le beau nom de patriotes, perquisitionnèrent chez elles, et furieux de ne point trouver les réfractaires qu'ils cherchaient, ils s'en prirent aux tableaux de piété qui surexcitaient leur colère ou leurs sarcasmes. Ils les promenèrent, par dérision, à travers les rues de la ville, au milieu des polissons en délire, en suspendirent quelques-uns, avec des cordes, le long de la grosse tour du jardin, en face de la promenade des Petits-Prés où se tenait le bal champêtre, pour divertir les danseurs en ajoutant à leur plaisir le piment de l'impiété et du blasphème. Il ne faut donc pas s'étonner si, à la suite de ces exhibitions sacrilèges, certains de ces tableaux ne rentrèrent plus. Un portrait de Mme de la Bretonnière aurait été recueilli, après maintes mésaventures, par une personne de notre ville chez qui il se trouverait encore.

D'autres causes de destruction, permanentes celles-ci, menacent aussi le patrimoine d'art de notre maison hospitalière. Ce sont les ravages du temps que les soins vigilants des sœurs ne peuvent conjurer, et contre lesquels il n'y a qu'un remède : la restauration sobrement et intelligemment pratiquée. Le très beau portrait de Mme de Stouppe, dans le parloir des Dames, a particulièrement besoin d'être soumis à ce régime réparateur. Mais les commissions administratives trouveront-elles jamais des fonds pour ces sortes de dépenses !

V

ORNEMENTS SACERDOTAUX

ET OBJETS DIVERS

De toutes les catégories d'objets dont nous nous sommes occupé jusqu'ici, aucune ne justifie mieux le titre de cette étude que le mobilier sacerdotal conservé dans la sacristie de la chapelle. C'est en effet un véritable trésor, dans toutes les acceptions du terme, qui va passer sous nos yeux. C'est en tremblant que je m'aventure sur ce terrain où je risque de perdre pied et de choir lourdement, car je dois avouer que j'ignore le premier mot de cet art délicat et charmant de la broderie, art essentiellement féminin par la nature des matériaux à mettre en œuvre, comme par le gout, la patience et la dextérité de main qu'il exige. Je ne saurais parler pertinemment broderie au passé, point refendu, point d'Espagne, chainette et filigrane. Quant aux tapisseries de haute et basse lisse, je ne me suis guère soucié jusqu'ici que de leur effet décoratif. J'ai goûté en peintre leurs belles harmonies sans plus les étudier, souvent même, sans me donner la peine, — dilettantisme condamnable, — de démêler l'inextricable confusion de leurs sujets. Je me trouverais donc bien embarrassé aujourd'hui si je ne rencontrais fort heureusement un guide sûr en la personne de M. l'abbé Marsaux, curé-doyen de Chambly (Oise), un de nos zélés membres correspondants qui a publié précisément dans le Bulletin de notre Société, année 1894, une notice érudite sur les broderies de l'Hôtel-Dieu. Notre collègue voudra bien me pardonner de faire quelques emprunts à son travail, où la science des procédés techniques s'unit à une connaissance parfaite de la symbolique chrétienne.

Il résulte d'un état du mobilier de la sacristie dressé en l'an 1706, qu'elle possédait alors quarante-quatre devants d'autel. Il lui en reste aujourd'hui quatorze environ, contemporains pour la plupart de M. et Mme de Stouppe et provenant de leurs libéralités. Il en est un, toutefois, qui fait une insigne exception; c'est un antependium gothique qui remonte au moins à la fondation de l'hospice (1304) et pourrait avoir été donné par la fondatrice elle-même, la reine Jeanne de Navarre... à moins qu'on ne le doive, lui aussi, à M. de Stouppe, comme le ferait croire cette note du manuscrit de Mme de la Bretonnière, à l'année 1689 : « Un parement de personnages que l'on fait servir au violet ». Or, les personnages exécutés en broderie ont été précisément appliqués ou réappliqués sur velours violet.

Ce devant d'autel mesure deux mètres sur un. Il consiste en quatre arcatures ogivales encadrant trois sujets : l'Annonciation, le Couronnement de la Vierge, l'Adoration des Mages et deux apôtres debout, à droite : saint Jean et saint Paul. Des anges tenant des couronnes occupent les tympans des arcs dont l'extrados est orné de feuillages rampants et l'intrados de sous-arcatures trifoliées. L'un des anges, celui du troisième tympan, ne porte qu'une couronne, comme s'il fermait la série, et comme si les deux apôtres avaient été ajoutés pour donner au parement la longueur nécessaire.

M. de Farcy qui a décrit ce spécimen remarquable dans son savant ouvrage : *La Broderie du XIe siècle jusqu'à nos jours*, pense que cet antependium comptait primitivement sept arcatures (1). Il préjuge sans doute que pour dérouler complètement le mystère de la naissance du divin enfant,

(1) Ce devant d'autel est reproduit dans la planche 28 de l'ouvrage de M. de Farcy.

le parement devait comprendre aussi la Nativité, la Présentation, et opposer, à gauche, saint Pierre et saint André aux deux figures de droite — ce qui eut donné au parement un développement excessif. Ne semble-t-il pas plus vraisemblable qu'on l'a composé avec des morceaux primitivement destinés à un autre usage. L'observation que nous avons faite plus haut, à propos de l'ange qui ne porte qu'une seule couronne paraît venir à l'appui de cette supposition ?

« Les mains et les visages, continue M. de Farcy, « sont peints sur soie blanche tandis que la barbe et les « cheveux sont brodés sommairement. Les vêtements en « soie sont exécutés au point fendu, et ceux en or au point « retiré, disposé en chevron avec cordonnet de soie foncée, « couché par dessus pour le tracé des plis. »

En ce qui concerne ce précieux échantillon de broderie de l'époque gothique, nous avons, à l'exemple de M. l'abbé Marsaux lui-même, donné la parole à M. de Farcy qui fait autorité dans la matière. M. Marsaux la prend à son tour et décrit la tapisserie au petit point représentant *la Résurrection du fils de la veuve de Naïm* avec un sens si juste du symbolisme catholique que je ne puis mieux faire que le citer tout au long.

« La scène se passe à la porte de la ville figurée par une « porte de forteresse avec herses et coulisses. Sur un lit de « parade dont le dossier est décoré d'ossements disposés « en sautoir et d'une tête de mort, est étendu le défunt. « Jésus s'approche. Les porteurs s'arrêtent. Le jeune « homme se lève à la parole toute puissante. Les habitants « manifestent leur étonnement et la mère sa joie bien légi- « time. Au-dessus du jeune homme, voltige un papillon, « symbole de résurrection. Au-devant, et semblant fuir « devant l'auteur de la vie, s'envolent des oiseaux de funeste « présage ».

Ce parement en tapisserie au petit point est en aussi bon état que possible; mais le temps a dévoré les nuances tendres du ciel et des fonds. La même observation s'applique au *bon Samaritain*, dont les parties de paysage sont entièrement décolorées. Cette broderie sur soie d'une exécution très soignée, d'un dessin magistral, devait avoir tout le charme d'une peinture lorsque les tons avaient encore leur primitive fraîcheur et que l'effet des années n'en avait pas encore désaccordé l'harmonie.

La scène est bien disposée. Un homme blessé gît sur le sol. Le Samaritain a mis pied à terre pour lui donner ses soins, laissant son cheval près d'un arbre. Il soulève avec compassion la tête endolorie du malheureux voyageur et, pendant qu'il accomplit ainsi le devoir de charité, le prêtre et le lévite s'éloignent indifférents. L'anatomie du blessé, le sentiment des têtes, la puissante tournure du cheval conforme au gout de l'époque sont à noter.

La *Parabole du Pharisien et du Publicain* a mieux conservé que les deux parements précédents la tenue de son coloris parce que les motifs d'architecture qui lui servent de fond ne nécessitaient pas l'emploi des nuances claires et imprécises qu'exigent les arrière-plans d'un paysage. Nous donnons la parole à M. l'abbé Marsaux qui a décrit cette belle broderie avec une compétence devant laquelle nous ne pouvons que nous effacer.

« Au premier plan, à droite du spectateur, on voit Jésus
« sous un riche portique aux colonnes torses de lapis-
« lazuli, autour desquelles s'enroulent des guirlandes de
« feuillages. A la frise, au-dessus des colonnes, on dis-
« tingue des têtes d'anges ailées. Le xviie siècle a affec-
« tionné ce motif de décoration. Les disciples et aussi les
« ennemis du Sauveur entourent le divin Maitre. Il leur
« propose la parabole du Pharisien et du Publicain. Il in-
« dique du geste les personnages de la parabole. L'action
« occupe le fond du tableau. Au milieu s'élève le temple
« qui ressemble plutôt à un palais... Le Pharisien et le
« Publicain, à une plus petite échelle que les personnages
« du premier plan, se dirigent vers le temple. A leur atti-

« tude diverse et conforme au texte de l'Evangile, il est
« facile de les reconnaître.

« A gauche, sous un portique analogue à celui de droite,
« se tiennent plusieurs personnages. Leurs regards sont
« tournés vers le Pharisien et le Publicain. Le brodeur a
« usé de toutes les ressources de son art et divers *points*
« ont été employés pour l'exécution de ce riche tableau. »

Voici maintenant deux specimens bien caractéristiques
de l'art ornemental de la seconde moitié du xviie siècle. Ils
consistent en deux parements d'autel, l'un à fond d'argent
enrichi d'arabesques d'or, l'autre à fond d'or à arabesques
d'argent. Sur tous deux se détachent en fort relief des têtes
d'anges aux ailes d'argent. Au centre, un médaillon peint
sur satin, brodé dans les lumières de fils d'or ou d'argent,
et encadré d'une bordure d'oves « brodées or sur ficelle, »
dit M. l'abbé Marsaux, « genre de broderie en relief,
ajoute-t-il, que la Renaissance à mis en vogue. » L'un de
ces médaillons nous donne l'image de l'Enfant-Jésus tenant
la croix victorieuse du démon figuré par un serpent. L'autre
représente l'Ange gardien conduisant un enfant, symbole
gracieux de l'âme chrétienne. A droite et à gauche de ce
dernier médaillon, on distingue les écussons effacés des
Stoppa. La partie supérieure de cet antependium, brodée
en relief avec fil d'argent, imite la dentelle qui borde d'or-
dinaire la nappe de l'autel. Ces deux pièces datent de 1684.
(Mss. de Mme de la Bretonnière.)

Citons encore pour clore la série des parements à personnages, la *Crèche*, tapisserie du xviiie siècle, d'un effet
un peu confus, à laquelle manque la bordure, et qui a été
cousue telle quelle sur un fond de satin crême broché de
bouquets où le rouge domine. Restent plusieurs devants
d'autel en brocart vert et argent, violet et argent, à broderies nuancées dans le goût génois, assortis aux ornements,
chapes, chasubles et dalmatiques que nous allons examiner.

Le morceau capital en ce genre, c'est la superbe chape dite de saint Pierre, que M. de Farcy n'a pas manqué de signaler et de reproduire dans l'ouvrage cité plus haut, page 134, planche 109. « Le chaperon, dit M. l'abbé Mar- « saux, présente aux regards une splendide figure de saint « Pierre. La tête de l'apôtre, exécutée au point refendu, est « une véritable peinture à l'aiguille. Elle se détache dans « un médaillon brodé en relief. Le dessin en est large et « magistral. Des orfrois aux rinceaux pleins d'élégance « complètent ce riche ornement. » Le poids considérable de cet ornement est cause qu'il a peu servi et que nous le voyons encore dans tout son éclat.

La chape, dite de saint Augustin, mérite aussi que nous la décrivions. Le centre du chaperon est formé d'une broderie en soie représentant saint Augustin. Ce médaillon est inséré au milieu de morceaux de vieilles tapisseries de haute lisse provenant des tapisseries qui ont servi de tentures — le manuscrit de Mme de la Bretonnière en fait foi — aux appartements de M. et Mme de Stouppe et aux siens. Ces tentures, utilisées plus tard dans les cérémonies et processions, exposées aux intempéries, devinrent tout à fait hors d'usage, et c'est avec leurs débris que les dames Augustines ont récemment composé ce très intéressant ornement.

Nous avons entrevu encore dans un rapide éblouissement deux voiles de calice en soie cerise et un troisième en moire verte brodés, en or et argent, de la plus exquise élégance ; un voile de tabernacle en soie jaune brochée ; un voile d'exposition avec un Saint-Esprit d'un fort relief brodé en argent ; des dalmatiques, des chasubles ornées de fleurs, de branchages, d'oiseaux et bordées de dentelles d'Espagne. L'une d'elles est enrichie d'un médaillon représentant saint Joseph et l'Enfant-Jésus.

Pour compléter le chapitre de la broderie, nous devons indiquer,— dans la sacristie : *le Miracle des noces de Cana* qui semble un fragment d'une composition plus étendue, peut-être parce qu'il n'est pas délimité par une bordure, et, dans l'appartement de Mgr l'Evêque, trois tableaux qui sont : 1° la sainte Vierge soutenant le corps de Notre-Seigneur descendu de la croix, tapisserie de soie au petit point, avec bordure de roses, lys et œillets ; 2° deux petits tableaux en tapisserie très fine que nous croyons du xvie siècle, représentant saint Pierre et saint Jean, avec bordure minuscule d'un travail délicat. Ils sont encadrés tous deux d'une baguette habilement fouillée.

Parmi les objets à classer au mobilier sacerdotal, il ne faut pas oublier quatre livres in-folio, — graduel et antiphonaire — qui ont servi pendant un siècle aux dames de l'Hôtel-Dieu. Ces énormes manuscrits sont admirablement calligraphiés et enrichis de nombreux sujets peints à la gouache d'après les tableaux des maîtres, rappelant les différents mystères célébrés dans les fêtes de l'année. A la fin de l'ouvrage, on lit la note suivante :

« Ce livre de plaint-chant a été commencé et fini en l'an-
« née 1710 par la piété de Mme Anne de la Bretonnière,
« prieure de ce monastère, pour y chanter l'office divin et
« répondre à la libéralité et à la magnificence des illustres
« restaurateurs et bienfaiteurs de cette maison, M. et
« Mme Stoppa, dont les corps reposent dans la chapelle
« Sainte-Claire. — Priez pour eux. »

« Fait par Denis Cretté, âgé de 15 ans, sous la conduite
« de son père, organiste de cette maison et de la paroisse
« Saint-Crépin de Chaûry. — Priez pour eux. »

Cet ouvrage fait grand honneur aux précoces talents calligraphiques de Denis Cretté, mais il est difficile de lui attribuer l'exécution des gouaches qui en font le principal mérite. Denis Cretté a dû avoir un collaborateur pour les enluminures qui sont l'œuvre d'un spécialiste très habile, étranger sans doute à la localité.

L'Hôtel-Dieu est moins abondamment pourvu du côté de l'orfèvrerie et nous ne trouvons guère à citer en ce genre qu'un calice de vermeil repoussé et ciselé avec un art merveilleux. Sur le pied du calice, sont représentés, presqu'en ronde-bosse, le crucifiement, la descente de croix et la mise au tombeau. Des anges portant la croix, la colonne et la lance forment le nœud. La cène se développe autour de la coupe et, sur la patène, l'Ascension couronne glorieusement le drame du Golgotha. Avec une pièce de cette valeur, on peut se consoler de cette pénurie relative. Le fait n'est pas spécial d'ailleurs à la maison hospitalière de Château-Thierry. De toutes les branches de la curiosité, l'orfèvrerie religieuse ou privée est celle qui, dans notre pays, fournit l'appoint le plus maigre à l'inventaire général de nos richesses artistiques. C'est que les œuvres de l'orfèvrerie ont contre elles le prix de la matière, ou plutôt sa trop facile transformation en lingots ou en numéraire, soit que des édits somptuaires, comme l'arrêt du conseil de 1689, ordonne de porter à la monnaie tous les objets d'or et d'argent, soit qu'ils tentent la cupidité des foules en temps de révolution.

C'est ce qui est arrivé pour notre Hôtel-Dieu. Le 20 septembre 1792, Jean-Robert Brisbart, orfèvre à Château-Thierry, commis par la municipalité plus ou moins régulière du moment, dressa un état de l'argenterie de la chapelle. Il résulte de cette pièce que cette argenterie enlevée à notre hôpital pesait 101 marcs, un gros et demi dont la valeur était d'environ 3,139 livres d'argent. Les objets ainsi réquisitionnés, chandeliers, lampes, croix de procession et autres, burettes, encensoirs, navettes et couronnes, étaient-ils d'un haut prix ? Nous ne pouvons le dire ; mais on ne saurait trop vivement déplorer ces procédés de rois dans l'embarras ou de comités révolutionnaires aux abois qui jettent à la fonte d'inestimables richesses, de délicats chefs-d'œuvre pour réaliser une valeur intrinsèque relativement minime.

Je ne veux pas quitter la sacristie sans m'arrêter un instant devant un beau Christ en ivoire, de 0,29 de haut, monté sur pied en écaille, avec fleurons en argent repoussé aux extrémités de la croix en bois d'ébène, et l'inscription également en argent repoussé. Ce crucifix est accompagné, à gauche et à droite, de deux petits tableaux de forme octogone, très finement peints à l'huile sur écaille, représentant l'*Adoration des Bergers* et l'*Assomption de la Vierge*. Entre les sujets et le cadre en écaille bordé de bois d'ébène, règne une frise en argent repoussé où des chérubins aux formes souples et variées se jouent au milieu de rinceaux du dessin le plus gracieux. Ces trois pièces, d'une piété un peu mondaine et point austère, devaient composer jadis un oratoire privé et surmonter le prie-Dieu incrusté d'étain sur lequel il me semble voir encore Mme de Stouppe ou Mme de la Bretonnière pieusement agenouillée,

Malheureusement le prie-Dieu manque. Il a été vendu — oui, vendu ! — le 12 octobre 1872 par le ministère de Me Rollet, commissaire-priseur, pour la modique somme de cinquante francs, à une honorable personne de notre ville, Mme de C..., ce qui atténue un peu nos regrets. Comment se fait-il que ce prie-Dieu, ainsi que quelques autres meubles, aient été jetés aux rebuts et glissés dans une vente de matériaux inutilisables, déchets de ferraille, fonte et cuivreries (1) ? Il est probable que ces meubles avaient besoin de quelques réparations, et la commission aura mieux aimé les sacrifier que de pourvoir aux frais de leur restauration. Je propose cette explication parce qu'elle me paraît la moins désobligeante de toutes. Que d'intéressants souvenirs du passé nous auront fait perdre ainsi la parcimonie coutumière des commissions administratives, des conseils de fabrique (je ne dis pas cela pour celui de la

---

(1) Cette vente a produit la somme de 612 fr. 25. La vente des orangers séculaires qui ornaient, au midi, la façade de l'hôpital, a eu lieu le 6 juillet 1862 et a atteint le chiffre de 1,059 francs. Les religieuses en utilisaient les fleurs pour le traitement des malades et vendaient le surplus aux habitants de la ville.

paroisse Saint-Crépin), et l'inexpérience des curés de campagne qui donne en vérité trop beau jeu aux ramasseurs d'antiquités. Un de ces brocanteurs a fait pendant quelque temps, de notre ville, son centre d'opérations. Un jour que je lui demandais s'il était content des affaires, il me répondit avec une joie cynique qui suffit à mon édification : « J'ai déjà vidé deux églises ce matin... »

Le Christ en ivoire dont nous avons parlé tout à l'heure n'est pas le seul que possède l'hospice. Le plus remarquable de tous, au moins pour ses dimensions, est placé sur le tabernacle du maître-autel. Il mesure 0,65 de hauteur. Il est d'une belle et savante exécution, mais d'une anatomie un peu ronde et placide qui trahit à peine les souffrances du divin supplicié. Cette douleur humaine et le sacrifice d'amour de Jésus se peignent, avec plus d'intensité dans le Christ en cuivre argenté que j'ai admiré dans le salon de la communauté. Je sais bien qu'il est plus facile de pétrir la cire ou la glaise que de tailler l'ivoire et que ces matières obéissent plus docilement à la pensée de l'artiste, mais ces différences d'interprétation ne tiennent pas seulement, peut-être, à la différence de la matière. Ne résulteraient-elles pas plutôt de la manière dont l'artiste comprend son sujet, et ne serait-ce pas pour mieux faire prédominer l'expression morale que certains artistes atténuent les effets physiques de la douleur ?

Je ne suis pas assez grand clerc pour oser trancher ces questions. Quant à risquer une attribution, je m'en garderai bien. Je me contenterai de rappeler que l'auteur du mausolée des Stoppa, le champenois François Girardon, passe pour avoir produit, ou du moins fait exécuter dans son atelier, un grand nombre de Crucifix. Le beau Christ colossal, taillé en plein bois, que j'ai vu à Saint-Riquier près d'Abbeville et que l'on sait à peu près indubitablement être de Girardon, prouve avec quelle supériorité il savait traiter ce thème inépuisable qui tentera toujours les artistes tourmentés de l'ambition de rendre sensible et palpable, pour ainsi dire, la mystérieuse dualité de l'Homme-Dieu.

Le salon de la communauté contient encore un autre Christ, d'une anatomie plus nerveuse, aux traits plus convulsés. Il offre cette particularité rare qu'il est d'un seul morceau d'ivoire. C'est sans doute pour cela qu'il a les bras levés paralèllement à la tête, à la manière dite Janséniste, au lieu de les tenir étendus comme pour mieux embrasser l'humanité dans son infinie miséricorde. Ce Christ, de 0,42 de hauteur, appliqué sur fond de velours, est encadré d'une bordure en bois sculpté de style rocaille d'un travail adroit, mais d'un goût douteux.

Voici Jésus encore, non plus sur le bois du supplice, mais attaché à la colonne de la flagellation, statuette en bronze de 0,22 de hauteur. Elle a la belle tournure et aussi le manierisme particulier aux œuvres de l'école florentine qui ne sont pas de tout premier ordre : longueur des jambes, flexion exagérée de la tête; saillie trop prononcée des pectoraux. Tout à côté, se trouve une statuette en bois de poirier de 0,42 de haut, socle compris, représentant sainte Anne et la Vierge. Ce groupe est médiocre et vulgaire. Je lui préfère encore, bien qu'elle ne soit pas exempte d'une certaine banalité, la sainte Anne de grandeur naturelle, sculptée en bois également, qui fait pendant à saint Pierre dans la chapelle Sainte-Claire. Ces deux figures des patrons de M. et Mme de Stouppe accompagnaient encore le maître-autel, il y a quelques années, avant les récentes restaurations de la chapelle. On a eu la malencontreuse idée, il y a une soixantaine d'années, de faire dorer entièrement ces deux statues retrouvées sans doute dans quelque grenier. Je me souviens encore à quel point ces deux blocs, que je croyais ingénument en or massif, éblouirent mes yeux d'enfant. J'ai appris depuis à ne plus confondre le clinquant avec le beau, et n'ai pas besoin de dire combien je préférerais aujourd'hui la couleur natu-

relle du bois et la chaude patine que le temps lui aurait
donnée.

Passons aux meubles et mentionnons tout d'abord, dans
la salle de la commission, un vaste buffet à deux corps d'un
aspect élégant et léger malgré ses grandes dimensions. La
partie supérieure est à deux vantaux et les côtés en retraite
s'ouvrent eux-mêmes et forment deux petites armoires
accessoires. Ce meuble, composé, mouluré et sculpté avec
beaucoup de goût, provient de l'hôpital voisin de la Charité. Il porte les emblèmes : palmes et grenades, des Frères
de Saint-Jean-de-Dieu qui l'ont desservi pendant longtemps. Dans l'intérieur du meuble, en haut, on lit l'inscription suivante : « Faict à Fère par J.-F. Hulot 1784. » Ce
beau morceau d'ébénisterie joint, à sa remarquable exécution, le mérite important à nos yeux d'avoir été ouvré par
un artisan du pays, — circonstance d'où il appert qu'il y
avait des hommes de talent ailleurs qu'à Paris au temps
des maîtrises et des corporations (1).

Qu'était ce Hulot ? Les archives paroissiales et munici-
pales de Fère-en-Tardenois répondraient peut-être à ces
questions. Nous pouvons noter seulement que les menui-
series du réfectoire de la Charité sont signées du même
nom avec la date 1772.

Il nous faut monter maintenant à l'appartement de
Monseigneur l'évêque où les dames se sont plu à réunir
tout ce que la Communauté possède de meubles rares et
curieux. On est frappé en y pénétrant de son aspect à la
fois riche et sévère, et n'étaient quelques anachronismes
faciles à corriger, on se croirait reporté à deux siècles en
arrière.

Dès le premier pas l'attention se porte sur un cabinet-

---

(1) Ce meuble, recouvert d'une épaisse couche d'ocre jaune, a été,
il y a quelques années, nettoyé, gratté et réparé avec beaucoup de
soin par M. Delettre, ébéniste à Château-Thierry.

coffre à poignées de cuivre, en bois de violette incrusté d'ivoire. Ce meuble original se développe comme un tryptique, laissant voir d'innombrables tiroirs. Au centre de ceux-ci, un second petit cabinet minuscule à deux vantaux, derrière lesquels existent d'autres tiroirs à secret et à double fond qui s'emboitent et pénètrent les uns dans les autres avec une précision merveilleuse. Sur tous ces tiroirs, et sur la face intérieure des volets, des personnages persans, en ivoire gravé, dansent, luttent, jouent de divers instruments de musique, ou semblent accomplir des rites sacrés. Les faces extérieures des volets sont décorées également de fleurs et d'oiseaux en ivoire gravé. C'est là bien évidemment un de ces meubles importés d'Orient par les marchands vénitiens, et qui, de Venise, se répandirent bientôt dans l'Italie où on les imita plus ou moins librement, à Milan, à Florence et ailleurs, en leur faisant subir toutefois des transformations conformes au goût particulier à ces contrées. C'est de l'Italie, de la Lombardie que M. de Stouppe a dû rapporter ce type caractéristique qui nous est parvenu.

Ce cabinet est tout à fait indépendant du meuble sur lequel il est posé et qui est d'un style tout différent. On peut croire toutefois que le meuble a été fait tout exprès pour lui servir de support, tant leurs dimensions concordent exactemeut. Il est à deux vantaux surmontés d'un tiroir et orné de fleurons, d'une légèreté et d'une élégance exquises, en bois incrusté sur fond d'étain. Ses faces latérales sont enrichies de marqueteries; nous croyons ce meuble de fabrication et de provenance italiennes.

Un autre cabinet a trouvé place dans la chambre de Monseigneur. Les vantaux de la partie supérieure découvrent en s'ouvrant de nombreux tiroirs décorés en marqueries. Les serrures et les coins supérieurs du meuble sont garnis de cuivres finement ciselés.

Parlerai-je de la belle pendule dite « religieuse » qui orne la cheminée, des larges fauteuils, des tabourets recouverts de tapisserie au point, à dessin quadrillé, ou à fleurs d'un beau jet, pivoines, pavots, etc.; des chaises Louis XIII à dos élevé et étroit; des christs en ivoire accrochés trop haut pour que je puisse faire autre chose que les inventorier; du bureau-secrétaire qui occupe le centre de la pièce; des commodes en marqueterie à ornements de cuivres, des sucriers en vieux Japon montés sur cuivre ciselé? Il faut laisser quelque chose à découvrir au visiteur qui passera après nous dans cette chambre doublement respectable par les reliques du passé qu'elle renferme et par la dignité de l'hôte à qui elle est présentement réservée.

Un mot encore en matière de *Post-face*. Au début de cette étude, mon dessein était de m'occuper exclusivement de la pharmacie de l'Hôtel-Dieu et d'esquisser à ce propos un aperçu général sur cette céramique spéciale où les médecins puisent les adjuvants de leur science empirique. Cela explique le manque de proportion que l'on peut reprocher à mon travail et que je suis le premier à reconnaître. Le développement que j'ai donné à la partie qui concerne la poterie pharmaceutique répond mal à mon titre que les derniers chapitres essaient ensuite de justifier.

Notre glorieux ancêtre, à qui quelques lignes suffisaient pour créer un chef-d'œuvre, disait ingénument :

Les longs ouvrages me font peur.

J'ai trop écouté chanter dans ma mémoire ce vers charmeur qui berçait doucement ma paresse. J'avais voulu mesurer ma tâche à mes forces, me souvenant de cet axiôme pris dans les entrailles mêmes de mon sujet : « Dans les petits pots sont les bons onguents; » Mais la rhubarbe et le séné m'ont mis en appétit. Pendant que j'opérais à travers la pharmacie et le salon de la communauté, j'ai revu quantité de belles choses rares et précieuses qu'il eut été dommage de passer sous silence. J'ai revu les tableaux, celui de Mignard, en tête, et les ornements sacerdotaux, d'un si exceptionnel intérêt. Pouvais-je laisser de côté ces manifestations diverses d'un art au moins égal et souvent supérieur à cet art de la faïence auquel je voulais me borner tout d'abord ? Je ne l'ai point pensé. Je me suis donc risqué à dire mon sentiment sur le Mignard, ne fût-ce que pour appeler la discussion sur ce bel ouvrage ; et, de fil en aiguille, je suis arrivé à la broderie où je me serais fort empêtré si M. l'abbé Marsaux n'était venu fort à propos à mon aide.

J'ai été amené ainsi à présenter le tableau complet des richesses d'art qui font de notre maison hospitalière de Château-Thierry un établissement privilégié entre tous. Je sens, hélas ! combien j'ai été au dessous de ma tâche ; mais à ne le prendre que comme un procès-verbal de constat et une annexe à l'inventaire de 1881, mon travail pourra peut-être rendre quelque service. S'il laisse à désirer sur bien des points, on me permettra de dire en massacrant un vers fameux de notre bon La Fontaine :

« J'aurai l'excuse au moins de l'avoir entrepris. »

Château-Thierry. — Imprimerie Lacroix.